Mugyenyi Raymond

Conceber um sistema de registo de alunos em linha para a St. Pius Senior Sec

Mugyenyi Raymond

Conceber um sistema de registo de alunos em linha para a St. Pius Senior Sec

ScienciaScripts

Quero deixar registada a minha gratidão ao meu Pai e à minha Mãe pelo apoio e incentivo incondicional na elaboração deste trabalho. Estou extremamente grato pelas inúmeras sugestões e opiniões elogiosas recebidas sobre este projeto.

RECONHECIMENTO

Diz-se que nenhum autor é uma ilha criativa em si mesmo. Todos nós somos influenciados por outros, por vezes conscientemente e outras vezes sem o sabermos. Seguem-se as pessoas que muito me influenciaram no processo de desenvolvimento deste projeto e a quem gostaria de estender a minha sincera gratidão.

Em primeiro lugar, agradeço a Deus Todo-Poderoso que me deu a saúde, a sabedoria, a inteligência e a capacidade de levar a cabo este projeto com êxito. Os meus agradecimentos especiais vão também para a minha **supervisora, Miss Akiteng Immaculate**, que me ajudou neste projeto. Agradeço também aos meus pais que sempre me fizeram acreditar que eu era capaz de alcançar este objetivo.

Ao Sr. **Niwagaba Arthur**, à **Sra. Onyango Doreen** e a todos os outros membros da família que deram apoio financeiro e orientação para este projeto. Por último, mas não menos importante, aos meus queridos amigos e colegas de curso que me ajudaram de todo o coração.

Agradeço-vos a todos.

ABREVIATURAS

Acronym	Meaning
IS	Information System
IT	Information Technology
MIS	Management Information System
CD	Compact Disk
CD-ROM	Compact Disk-Read Only Memory
DSS	Decision Support System
Ms	Microsoft
UCE	Uganda Certificate of Education
RAM	Random Access Memory
MB	Mega Byte
ERM	Entity Relationship Model
CPU	Central Processing Unit
DBMS	Database Management System
UEGE	Unit of Evaluation and General Examination
AJAX	Asynchronous JavaScript and XML

ÍNDICE DE CONTEÚDOS

CAPÍTULO 1	6
CAPÍTULO 2	10
CAPÍTULO 3	20
CAPÍTULO 4	22
CAPÍTULO 5	40
CAPÍTULO 6	42

RESUMO

A inscrição dos alunos nas escolas é um processo muito difícil, crítico e importante. Os alunos têm primeiro de ser registados para poderem obter lugares na escola. O número de alunos na escola secundária de St. Pius é de 1060 e a sua inscrição demora cerca de quatro semanas. A gestão do registo de todos os alunos é, portanto, um processo muito complexo e sofisticado, utilizando o método antigo e convencional, ou seja, o método manual. A comunicação entre as diferentes partes que trabalham nas actividades de registo é muito difícil. A manutenção da exatidão no que diz respeito aos registos dos alunos é também muito difícil. O principal objetivo é informatizar tudo o que está relacionado com o registo dos alunos e a manutenção das informações relevantes. Para tal, foi utilizado um modelo InputProcess-Output para introduzir um sistema de registo em linha que ajudou muito a reduzir os erros resultantes de diferentes formas e que, por sua vez, afectaram a correção dos registos e dos resultados dos alunos. Como trabalho futuro, podem ser acrescentadas algumas caraterísticas, tais como a adição da funcionalidade AJAX ao sítio Web para aumentar o tempo de resposta e a criação de um sistema de quadro de avisos, que pode permitir que as diferentes partes que trabalham com o sistema interajam e comuniquem facilmente entre si.

CAPÍTULO 1

INTRODUÇÃO

1.0 INTRODUÇÃO

Este capítulo dá *uma* ideia do que é um sistema de registo de alunos em linha e de como funcionou como uma ferramenta tecnológica importante para a escola secundária St. Pius Senior Secondary School. O sistema facilitou o trabalho em comparação com o método tradicional que era anteriormente utilizado para servir os alunos. Tendo em conta todas as actividades realizadas durante o registo dos alunos, deve existir um método organizado e eficiente de armazenamento e recuperação de dados. Em St Pius, alguns estudantes são admitidos para estudos académicos de 4 anos para obterem o Certificado de Educação do Uganda (UCE) e outros para estudos académicos de 2 anos para obterem o Certificado de Educação Avançada do Uganda (UACE). Para se qualificar para o certificado de ensino do Uganda, o aluno deve ter passado nas disciplinas de ciências e, em seguida, para se qualificar para o certificado de ensino avançado do Uganda, o aluno deve ter feito um mínimo de três disciplinas juntamente com o exame geral. O sistema concebido forneceu ferramentas importantes e úteis para melhorar o registo, o planeamento, a gestão, a elaboração de relatórios precisos, o desempenho e a produtividade.

1.1 CONTEXTO DO ESTUDO DE CASO

Pius Senior Secondary School foi fundada como escola católica no ano de 1985, pela igreja católica da diocese de Kabale. Começou por ser uma escola privada que funcionava com um nível de ensino normal e, mais tarde, passou a funcionar com um nível de ensino normal e avançado, antes de as autoridades governamentais assumirem a responsabilidade pela escola secundária em 2005. Sendo uma escola fundada pela Igreja, tornou-se obrigatório para todos os alunos de St. Pius assistir à missa todas as sextas-feiras e domingos, para que os alunos tivessem um bom comportamento e se tornassem tementes a Deus. A escola estava a ser financiada por italianos que ajudaram a escola a obter boas salas de aula e uma biblioteca suficiente equipada com livros actualizados, o que fez com que St Pius se tornasse uma escola bem conhecida com alunos excelentes.

Em 2005, o número de alunos da escola era de 1056, com 800 rapazes e 256 raparigas. Em 2013, o número de alunos aumentou para 4500, com 3050 rapazes e 1450 raparigas.

Com este número crescente de alunos na escola, o registo dos alunos tornou-se complicado e dispendioso. No entanto, devido a um apoio financeiro insuficiente e a recursos técnicos inadequados, o método de registo dos alunos na escola secundária de St. Pius era manual, o que colocava a escola perante despesas elevadas.

Por conseguinte, este projeto visava avaliar a forma como as informações relativas à inscrição dos alunos na escola eram tratadas e armazenadas, bem como introduzir um sistema de inscrição de alunos em linha para inscrever os alunos de forma rápida e económica.

1.2 DECLARAÇÃO DO PROBLEMA

Pius recebe um grande número de alunos e, devido a um apoio financeiro insuficiente e a recursos técnicos inadequados, o método atual de registo dos alunos na escola secundária de St. Pius é manual, o que conduziu aos problemas associados de imprecisão, perda de tempo e despesas elevadas decorrentes da contratação de muitas pessoas para efetuar o registo.

1.3 OBJECTIVO GERAL

Introduzir um sistema de registo de estudantes em linha para resolver os problemas resultantes do registo do número crescente de estudantes na escola secundária St.

1.4 OBJECTIVOS ESPECÍFICOS

1. Sugerir soluções alternativas para os problemas de registo manual.
2. Para comparar o desempenho do sistema existente e do sistema proposto
3. Testar o novo sistema a fim de obter com êxito o seu nível de fiabilidade pelos utilizadores.
4. Determinar o nível de eficiência e eficácia do sistema de registo de estudantes em linha

1.5 QUESTÕES DE INVESTIGAÇÃO

A investigação foi orientada pelas seguintes questões

a. Qual é a diferença entre o antigo e o novo sistema concebido em termos de desempenho na St. Pius Senior Secondary School?
b. Que competências especiais são necessárias para operar sistemas de registo de estudantes em linha?
c. Qual é o nível de eficiência e eficácia do sistema de registo de estudantes em linha?
d. Com que eficácia deve o sistema ser implementado para um melhor desempenho?

1.6 IMPORTÂNCIA DO ESTUDO

1. O gabinete do tesoureiro beneficiou diretamente deste projeto, na medida em que foram implementadas técnicas mais aperfeiçoadas e normalizadas de tratamento de um grande volume de recibos.

2. O diretor da escola podia acompanhar todos os pormenores dos alunos da escola.

3. Além disso, o nível de exatidão e de coerência dos dados foi melhorado, uma vez que os dados foram introduzidos e tratados por computador.

4. As cópias de segurança dos dados da informação da escola eram possíveis, o que proporcionava um sistema eficaz, disponível e fiável.

5. Após a implementação do sistema, a escola passou a dispor de meios rápidos, precisos e económicos para registar os alunos.

1.7 JUSTIFICAÇÃO

O método de registo manual dos alunos que era utilizado anteriormente na escola secundária St. Pius, combinado com o baixo nível de competências informáticas, conduziu a despesas elevadas com um grande número de funcionários, à perda de tempo e a muitos erros criados durante o registo.

Por conseguinte, foi necessário alterar o sistema existente, substituindo-o por um registo do estudante, a fim de reduzir os problemas de forma sustentável.

1.8 ÂMBITO DO ESTUDO

O estudo foi realizado na Escola Secundária St Pius e centrou-se nos sistemas actuais utilizados para registar os alunos e na introdução de um sistema de registo de alunos em linha na escola para garantir um sistema de registo de alunos rápido e rentável.

Um mapa do Uganda mostrando o distrito de Kanungu, onde a escola está localizada

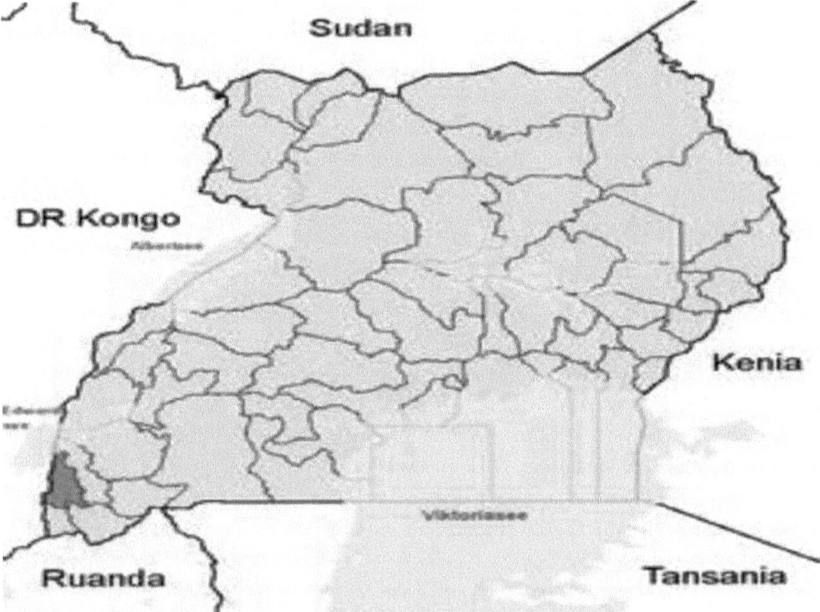

Figura 1: mostrando o distrito de Kanungu onde a escola está localizada

Abaixo encontra-se a fotografia da escola.

Figura 2: Representação da escola secundária St. Pius

1.9 DELIMITAÇÕES

1. Contribuições dos pais para a realização da investigação.

2. Facilidade de comunicação com os inquiridos, uma vez que a maioria das pessoas era capaz de compreender o inglês ou a língua lukiga

3. Máxima cooperação dos inquiridos, fornecendo as informações necessárias.

CAPÍTULO 2

REVISÃO DA LITERATURA RELACIONADA

2.0 INTRODUÇÃO

Este capítulo apresenta as várias teorias que foram apresentadas pelos diferentes autores no domínio da tecnologia da informação. No entanto, a difusão e a utilização efectiva desta tecnologia não têm sido uniformes em todo o mundo (Chaudhary A. K (1999).

2.1 ANTECEDENTES

De acordo com K.K. Aggarwal e Yogesh Singh (1974), o mundo da tecnologia da informação (TI) tem sofrido uma mudança contínua e rápida na última década, caracterizada por uma explosão de tecnologia avançada. Os computadores passaram a fazer parte de nós em todos os aspectos; seja no trabalho, em casa ou nas videotecas. É muito importante que qualquer pessoa se junte ao resto do mundo para facilitar o trabalho. Disseram-nos repetidamente que, devido ao facto de estar a surgir uma nova era, temos de nos adaptar a condições de vida que são radicalmente diferentes das do passado.

K.K. Aggarwal e Yogesh Singh (1974), ainda insistiram que os sistemas oferecem vantagens significativas sobre os métodos manuais convencionais porque podem manipular a informação com grande rapidez e precisão. Por exemplo, permitem a recolha e a agregação de informações estatísticas, que seriam muito morosas ou mesmo impossíveis de reunir com um sistema manual. As principais vantagens do registo de estudantes em linha são as seguintes:

- Com os constantes cortes no financiamento da educação, a expressão "Tempo significa dinheiro" nunca foi tão verdadeira. Os valiosos funcionários da escola podem aproveitar o tempo que estão a gastar na criação/organização de papelada e colocá-lo onde deve estar - ao serviço dos alunos e professores. É difícil imaginar um escritório sem dezenas de organizadores de papel e pilhas de formulários para arquivar. Registo em linha

  pega em tudo isso e coloca-o no ecrã do seu computador com alguns toques rápidos no teclado. Assim, poupa-se tempo.

- O registo em linha permite aos distritos criar documentos uniformes que permanecem no sistema durante todo o percurso escolar dos alunos. Isto significa que não há mais ficheiros perdidos ou formulários de historial médico importantes que requerem tempo e recursos preciosos para serem recuperados. Também permite que as escolas de um distrito usem o mesmo formato para documentos/formulários padronizados, mantendo as coisas simples para os pais que têm de escrever repetidamente informações para vários filhos na mesma escola ou distrito.

- Esta é uma ferramenta valiosa tanto para os funcionários como para os pais. Para os pais, não terão de ouvir os seus filhos dizer "esqueci-me" ou "está perdido" quando se trata de formulários escolares, porque poderão navegar por eles em linha.

- A globalização permite que os distritos beneficiem de uma miríade de culturas e línguas. No entanto, a tradução de vários formulários é extremamente dispendiosa. O registo online oferece formulários que são traduzidos nas línguas aplicáveis sem que um distrito tenha de criar várias cópias. Isto pode ser especialmente útil para escolas independentes que podem não ter acesso aos mesmos recursos que os distritos maiores.

- Os distritos podem certificar-se de que as informações confidenciais estão seguras, ao mesmo tempo que permitem que as informações gerais sejam acedidas por uma grande variedade de utilizadores. Acabaram-se os armários de arquivo com fechadura.

Conceitos de um sistema

Um sistema é um grupo de componentes que interagem entre si, funcionando em conjunto para um objetivo comum (Spedding 1988). De acordo com Checkland (1981), um sistema é um modelo de uma entidade. É caracterizado em termos da sua estrutura hierárquica, propriedades emergentes, comunicação e controlo. O termo subsistema é equivalente a sistema, contido num sistema maior.

A abordagem sistémica é uma forma de olhar para uma entidade e de lidar com os problemas, a fim de identificar e melhorar o sistema em causa. Pode ser aplicada a qualquer assunto (Spedding 1988). A abordagem sistémica também demonstrou um elevado potencial para oferecer um quadro concetual para analisar, gerir e melhorar um sistema atual e para conceber um melhor (Cavallo 1982). Os modelos de sistemas sociais podem ser utilizados como uma ferramenta para analisar as necessidades de informação dos actores envolvidos num sistema (Checkland & Holwell 1998).

Na teoria geral dos sistemas, um sistema de informação é aceite como um sistema, automatizado ou manual, que inclui pessoas, máquinas e/ou métodos organizados para recolher, processar, transmitir e disseminar dados que representam informação. Ciborra (2002: 5) propõe que os sistemas de informação "tratam da aplicação da tecnologia da informação em organizações, instituições e na sociedade em geral". Assim, os sistemas de informação são também sistemas sociais cujo comportamento é fortemente influenciado pelos objectivos, valores e crenças dos indivíduos e grupos, bem como pelo desempenho da tecnologia (Angel & Smithson 1991).

2.2 TECNOLOGIAS DA INFORMAÇÃO E SISTEMAS DE INFORMAÇÃO

Os autores Leavitt e Whisler (1958) definiram as tecnologias da informação (TI) como o estudo, a conceção, o desenvolvimento, a aplicação, a implementação, o apoio ou a gestão de sistemas de informação baseados em computadores. Considera-se que as tecnologias da informação abrangem a utilização de computadores e de equipamento de telecomunicações para armazenar, recuperar, transmitir e manipular dados. O termo é normalmente utilizado como sinónimo de computadores e redes informáticas, mas também engloba outras tecnologias de distribuição de informação, como a televisão e o telefone.

Leavitt e Whisler (1958), comentaram que "a nova tecnologia ainda não tem um único nome estabelecido. Daí a designação tecnologia da informação (TI). Com base na tecnologia de armazenamento e processamento utilizada, é possível distinguir quatro fases distintas de desenvolvimento da TI: pré-mecânica, mecânica, eletromecânica e eletrónica.

De acordo com Silver et al (1995), os sistemas de informação (SI) são o estudo de redes complementares de hardware e software que as pessoas e as organizações utilizam para recolher, filtrar, processar, criar e distribuir dados. Silver et al. (1995), ainda forneceu duas visões sobre (IS) e a visão centrada em IS que inclui software, hardware, dados, pessoas e procedimentos.

Existem vários tipos de sistemas de informação, por exemplo: sistemas de processamento de transacções, sistemas de escritório, sistemas de apoio à decisão, sistemas de gestão do conhecimento, sistemas de gestão de bases de dados e sistemas de informação de escritório. As tecnologias da informação são essenciais para a maioria dos sistemas de informação e são normalmente concebidas para permitir que os seres humanos realizem tarefas para as quais o cérebro humano não está bem adaptado, tais como: tratar grandes quantidades de informação, efetuar cálculos complexos e controlar muitos processos simultâneos.

No entanto, Chris Gane e Trish Sarson (1977) argumentam que a abordagem de um sistema para a tomada de decisões envolve procedimentos passo a passo para estabelecer objectivos, identificar e avaliar requisitos, gerar e selecionar alternativas e implementar um curso de ação escolhido, mas isto é altamente simplificado utilizando um sistema computorizado, sugerindo a utilização de um Sistema de Apoio à Decisão (DSS). Uma vez que o DSS fornece informações baseadas em dados que devem ser utilizadas sempre que necessário.

ChrisGane e Trish Sarson (1977) também afirmaram que o sistema de inteligência artificial faz com que o computador funcione como um ser humano na tomada de decisões e julgamentos inteligentes, desde que o computador tenha sido corretamente programado. Afirmou ainda que um processo de tomada de decisão adequado não pode ser alcançado a menos que a informação correta seja obtida das pessoas certas no momento certo, o que se designa por Sistema de Gestão de Bases de Dados (SGBD). Por conseguinte, é imperativo que, para reduzir o problema dos grandes conjuntos de dados para análise e conseguir uma gestão adequada da informação, sejam criados sistemas de gestão de bases de dados que permitam um tratamento ótimo da informação.

2.3 SISTEMA DE GESTÃO DE BASES DE DADOS

Um Sistema de Gestão de Bases de Dados (SGBD) é um programa de software que permite a criação e gestão de bases de dados. De facto, a maioria dos sistemas de bases de dados actuais são referidos como Sistemas de Gestão de Bases de Dados Relacionais (SGBDR), devido à sua capacidade de armazenar dados relacionados em várias tabelas. Alguns dos sistemas de gestão de bases de dados relacionais mais populares incluem: Microsoft access, filemaker, Microsoft SQL server, mySQL, oracle.

2.4 COMPONENTES DE UM SISTEMA DE GESTÃO DE BASE DE DADOS (Silberschatz et al., 1988) indicou que o sistema de gestão de base de dados é construído utilizando;

a. Processamento de dados à velocidade necessária para a triagem e classificação de informações.

b. Comunicação de dados necessária para manter o fluxo de informação entre as diferentes partes do sistema e as pessoas que o utilizam.

c. Armazenamento e recuperação da informação - é necessário armazenar a informação num formato adequado e assegurar o armazenamento e a recuperação da informação e o utilizador do sistema num sistema de gestão útil e bem organizado. Além disso, defende que a informação deve ser fornecida num prazo que permita uma tomada de decisão significativa a um custo não proibitivo. Um sistema de gestão de bases de dados é um sistema que recolhe, processa, armazena e distribui informações para a tomada de decisões em matéria de planeamento de funções de gestão, organização, controlo, direção e pessoal de uma organização.

2.5 COMPUTADORES E NEGÓCIOS

De acordo com Ruth Mayhew (1985), a tecnologia altera a definição da expressão "conduzir negócios". Com os computadores, é possível produzir mais documentos do que uma máquina de escrever e um mimeógrafo alguma vez poderiam fazer. Os computadores simplificam as transacções comerciais e permitem a venda de produtos e serviços em todo o mundo. Com eles, é possível arquivar e armazenar mais informações do que milhares de pastas e armários de arquivo. A Comissária explicou também as vantagens dos computadores para as empresas em diferentes domínios

- A rede informática permite a comunicação através da intranet da empresa, bem como da Internet, em escritórios totalmente equipados com computadores. Quando uma intranet é extremamente valiosa, é possível tratar informações sensíveis ou confidenciais dentro dos limites da rede da empresa, sem receio de que utilizadores não autorizados acedam à rede privada da organização.

- Os computadores fornecem os dados, as ferramentas e a tecnologia subjacentes para gerir e executar actividades de recursos humanos num ambiente integrado. Os sistemas de informação de recursos humanos recolhem dados para relatórios federais, estatais e locais, tais como formulários de igualdade de oportunidades de emprego que algumas empresas são obrigadas a enviar a agências governamentais.

- Os computadores permitem que as pessoas comercializem os produtos e serviços da sua empresa numa área geográfica local ou para clientes a nível mundial, onde indivíduos, empresas e países podem trocar bens e serviços. Também proporcionam funções rentáveis para a produção, vendas e expedição.

De acordo com KENDALL (2002), a chave para o ambiente empresarial atual é o computador. No futuro, começaremos a utilizar os computadores com uma graça e uma naturalidade difíceis de imaginar atualmente. Uma quantidade substancial de trabalho será feita na casa de campo eletrónica. Uma vez que se espera que o impacto dos computadores continue a aumentar, é importante que aumentemos também o nosso conhecimento dos computadores. Embora os microcomputadores estejam associados a aplicações particulares e de passatempo, como o processamento de texto, grande parte das suas utilizações está orientada para o processamento de dados comerciais convencionais, como folhas de pagamento, compras, registos nominais e de vendas e faturação.

O advento dos microcomputadores no mercado ultrapassou o objetivo inicial dos computadores. Inicialmente, grande parte do trabalho realizado nos computadores era de natureza científica, com ênfase em cálculos complexos. No entanto, com o aumento da capacidade de armazenamento dos sistemas informáticos, foi possível utilizar o computador para resolver problemas, o que envolve muitos dados e cálculos.

Atualmente, os computadores são aplicados em áreas com as seguintes caraterísticas;

1. A capacidade de armazenamento com vários volumes de ficheiros contendo informação pode ser acomodada. Isto acaba por reduzir a quantidade de papelada.

2. O tempo de resposta do computador e o desempenho de funções como os cálculos são rápidos, precisos e eficientes, pelo que a tomada de decisões com base nestas funções é rápida. Também se obtêm muitos benefícios como cálculos de médias, variações, assistência no planeamento de novas instalações.

3. Físico-química, responsável pelas teorias e pela compreensão dos fenómenos físicos utilizados na química orgânica e inorgânica. Os computadores podem ser utilizados para calcular as propriedades de um material e comparar essas hipóteses com medições laboratoriais.

Ao incorporar pacotes de aplicações informáticas numa organização, é necessário formar o pessoal sobre a forma de utilizar o novo sistema. As primeiras ajudas mecânicas ao cérebro foram concebidas para acelerar os cálculos matemáticos e não para armazenar dados. Na década de 1940, os computadores eram utilizados com o objetivo de realizar a adição, a subtração, a multiplicação e a divisão a uma velocidade extrema. (John Azzolini, 2000). O estudo que está a ser realizado terá em consideração a visão acima referida e tem também como objetivo acelerar os cálculos matemáticos dos resultados acumulados dos alunos e prever o desenvolvimento futuro da escola.

2.6 GERAÇÃO DE RELATÓRIOS

Os relatórios são utilizados para apresentar resultados. São utilizados para resultados que serão distribuídos ou armazenados em papel. Também são utilizados para apresentar dados resumidos. Os relatórios podem facilmente processar várias páginas de resultados e podem também combinar dados pormenorizados e resumidos. Um sistema de base de dados tem a capacidade de gerar relatórios sempre que necessário.

2.7 TECNOLOGIA DE ANÁLISE E CONCEPÇÃO ESTRUTURADA

A Técnica de Análise e Conceção Estruturada (SADT) é uma notação diagramática concebida especificamente para ajudar as pessoas a descrever e compreender os sistemas. A SADT pode ser utilizada como uma ferramenta de análise funcional de um determinado processo, utilizando sucessivos níveis de pormenor. O método SADT permite não só definir as necessidades dos utilizadores para o desenvolvimento das TI, o que é frequentemente utilizado nos sistemas de informação industriais, mas também explicar e apresentar os processos e procedimentos de fabrico de uma atividade.

De acordo com W. Stevens, G. Myers, L. Constantine (1996), faz parte de uma série de métodos estruturados, que representam uma coleção de técnicas de análise, conceção e programação que foram desenvolvidas em resposta aos problemas que o mundo do software enfrentou entre os anos 1960 e 1980.

2.8 DIAGRAMA DE FLUXO DE DADOS

Um diagrama de fluxo de dados (DFD) é uma representação gráfica do fluxo de dados através de um sistema de informação, modelando os seus aspectos processuais. Muitas vezes, são um passo preliminar utilizado para criar uma visão geral do sistema que pode ser posteriormente elaborada. Os DFDs também podem ser usados para a visualização do processamento de dados (design estruturado).

Um DFD mostra os tipos de informação que serão introduzidos e emitidos pelo sistema, de onde vêm e para onde vão os dados e onde estes serão armazenados. É prática comum desenhar primeiro o diagrama de fluxo de dados ao nível do contexto, que mostra a interação entre o sistema e os agentes externos que actuam como fontes e sumidouros de dados (Bruza, P. D, 1993)

2.9 UMA BASE DE DADOS DISTRIBUÍDA

Uma base de dados distribuída pode ser definida como um conjunto de múltiplas bases de dados logicamente inter-relacionadas distribuídas por uma rede e por um sistema de gestão de bases de dados distribuídas, tornando a distribuição transparente para o utilizador. Um sistema informático distribuído consiste num conjunto de elementos de processamento não necessariamente homogéneos, interligados por uma rede informática e que cooperam na realização de determinadas tarefas. Os sistemas informáticos distribuídos dividem um grande problema gerível em partes mais pequenas e resolvem-no eficientemente de forma coordenada.

2.10 UMA BASE DE DADOS DISTRIBUÍDA

Trata-se de uma base de dados em que os dispositivos de armazenamento não estão todos ligados a uma unidade de processamento comum, como a CPU. Pode ser armazenada em vários computadores situados no mesmo local físico ou pode estar dispersa por uma rede de computadores interligados. Ao contrário dos sistemas paralelos, em que os processadores estão fortemente acoplados e constituem um único sistema de base de dados, um sistema de base de dados distribuída consiste em locais pouco acoplados que não partilham componentes físicos.

A base de dados distribuída tem muitas vantagens, que incluem Aumento da fiabilidade e da disponibilidade, maior facilidade de expansão, gestão de dados distribuídos com diferentes níveis de transparência, como a transparência da rede, a transparência da fragmentação e a transparência da replicação, entre outras.

2.11 TRANSPARÊNCIA DA REPLICAÇÃO

Neste caso, as cópias dos dados podem ser armazenadas em vários locais para uma melhor disponibilidade, desempenho e fiabilidade. A transparência da replicação faz com que o utilizador não tenha conhecimento da existência das cópias.

2.12 FRAGMENTAÇÃO TRANSPARÊNCIA

São possíveis dois tipos de fragmentação. A fragmentação horizontal distribui a relação em conjuntos de linhas. A fragmentação vertical distribui uma relação em sub-relações em que cada sub-relação é definida por um conjunto de colunas da relação original. Uma consulta global do utilizador deve ser transformada em vários fragmentos.

2.13 MAIOR FIABILIDADE

São duas as vantagens potenciais mais comuns citadas para as bases de dados distribuídas. A fiabilidade é definida, em termos gerais, como a probabilidade de um sistema estar a funcionar num determinado momento, enquanto a disponibilidade é a probabilidade de o sistema estar continuamente disponível durante um intervalo de tempo. Quando os dados e o software do SGBD estão distribuídos por vários sítios, um sítio pode falhar enquanto outros sítios continuam a funcionar. Apenas o software de dados existente no local não pode ser acedido. Isto melhora tanto a fiabilidade como a disponibilidade.

2.14 FUNÇÕES DA BASE DE DADOS DISTRIBUÍDA

A distribuição conduz a uma maior complexidade na conceção e implementação. Para alcançar as potenciais vantagens enumeradas acima, o software do SGBD deve ser capaz de fornecer as seguintes funções, para além das de um SGBD centralizado.

a. Manter o controlo dos dados; a capacidade de manter a distribuição, a fragmentação e a replicação dos dados através da expansão do catálogo do SGBD.

b. Processamento distribuído de consultas; a capacidade de aceder a sítios remotos e de transmitir consultas e dados entre os vários sítios através de uma rede de comunicações.

c. Gestão de transacções distribuídas; a capacidade de aconselhar estratégias de execução para consultas e transacções que acedem a dados de mais de um local e de sincronizar o acesso para distribuir dados e manter a integridade da base de dados global. A transparência de nomes implica que, uma vez especificado um nome, os objectos nomeados podem ser acedidos sem ambiguidade e sem especificações adicionais.

2.15 RECUPERAÇÃO DE DADOS DISTRIBUÍDA

A capacidade de recuperação de falhas em sítios individuais e de novos tipos de falhas, como a falha de uma ligação de comunicação.

2.16 SEGURANÇA

As transacções distribuídas devem ser executadas com a gestão adequada da segurança dos dados e dos privilégios de autorização/acesso dos utilizadores. Gestão do diretório (catálogo) distribuído; um diretório contém informações (metadados) sobre os dados da base de dados. O diretório pode ser global para todo o SGBD ou local para cada sítio. A colocação e a distribuição do diretório são questões de conceção e de política.

2.17 UM CLIENTE CENTRALIZADO

Um cliente centralizado está fisicamente confinado a um único local, controlado por um único computador, e a maioria das funções para as quais a base de dados é criada é realizada se a base de dados estiver centralizada. É utilizada como uma recolha de dados à distância. As vantagens de um sistema de base de dados centralizado

a. A base de dados é fácil de atualizar.

b. A cópia de segurança da base de dados é mais fácil. Isto torna-o vantajoso numa situação em que a recuperação de dados é necessária em caso de perda.

c. É possível consultar facilmente a autenticidade dos dados em comparação com outros sistemas de bases de dados. d. O controlo do acesso também é fácil se conhecermos exatamente a base de dados no sistema.

2.18 UMA BASE DE DADOS RELACIONAL

De acordo com Hector et al, (2002), que introduziram formalmente o modelo relacional, definiram uma base de dados relacional como uma coleção de tabelas bidimensionais. Cada tabela representa uma pessoa, um local, uma coisa ou um evento do mundo real sobre o qual é recolhida informação. A organização dos dados em bases de dados relacionais é conhecida como a perspetiva lógica da base de dados. Esta é a forma como uma base de dados relacional apresenta os dados ao utilizador e ao programador.

Fleming, Candace C. e Barner Von Halle. Handbook of Relational Database Design Betty Joan Salzberg, (1986). Explica mais sobre a base de dados, uma tabela relacional é um ficheiro plano composto por um conjunto de colunas sem nome e um número arbitrário de linhas sem nome. As colunas das tabelas contêm informações sobre a tabela. As linhas da tabela representam ocorrências da "coisa" representada pela tabela. Um valor de dados é armazenado na intersecção da linha e da coluna, em que cada coluna tem um domínio, Litt (1955-1996) afirma que dados bem normalizados tornam a programação (relativamente) fácil e funcionam muito bem em empresas multiplataforma. Os dados não normalizados conduzem a um desgosto. Teoy, Tobby J. Database modeling and Design: the Basic Principals, 2nd Edition Morgan Kaufman Publishers, Inc, 1994 explica que a normalização é uma técnica de conceção que é amplamente utilizada como guia na conceção de uma base de dados relacional. Portanto, é essencialmente um processo de duas etapas que coloca os dados em forma de tabela, removendo grupos de representação e, em seguida, duplicando as tabelas relacionais. Afirmou ainda que a teoria da normalização se baseia nos conceitos de formas normais e que se diz que uma tabela relacional é uma forma normal específica se satisfizer um determinado conjunto de restrições. Atualmente, foram definidas cinco formas normais, mas E. F. Codd conseguiu definir as três primeiras.

2.19 ACTUALIZAÇÃO DE DADOS

Através deste processo, o diretor da escola poderá acrescentar, alterar ou apagar qualquer aluno do sistema. A adição de dados ocorre quando um aluno é registado. Quando uma criança morre, o seu registo é atualizado e apagado. Quando o registo de um aluno é modificado ou eliminado, é actualizada uma cópia do registo no ficheiro para referência futura. Assim, em qualquer momento, a base de dados/registo do aluno reflecte os dados actuais.

2.20 . PERSPECTIVA TEÓRICA

O modelo utilizado no estudo é o modelo Input-Process-Output (Leon Walras, 1991). No modelo IPO, um processo é visto como uma série de caixas (elementos de processamento) ligadas por entradas e saídas. A informação ou os objectos materiais fluem através de uma série de tarefas ou actividades com base num conjunto de regras ou pontos de decisão. Neste modelo, o que entra é o input; o que causa a mudança é o processo; e o que sai é o output.

Figura 3: Modelo de entrada-processo-saída

O modelo IPO foi concebido para fornecer a estrutura geral e o guia para a direção do estudo. Substituindo as variáveis do presente estudo pelo modelo IPO, o investigador chegou aos seguintes resultados

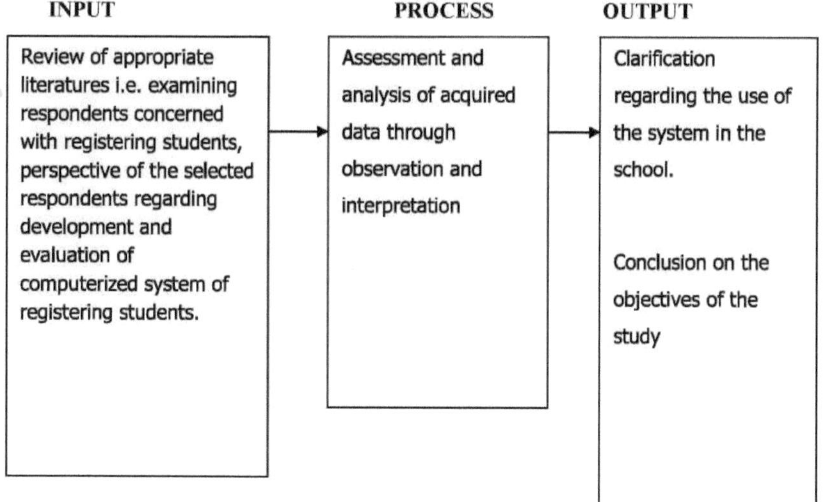

Figura 3: mostra a interpretação do sistema de acordo com o modelo IPO

O modelo IPO tem sido utilizado para estabelecer os dois pressupostos das teorias tradicionais dos sistemas de gestão informática. A sua utilização, a primazia causal e o locus interno foram mais radicalmente referenciados pelas teorias modernas. A teoria define a primazia causal na perspetiva de que a construção de um sistema informático sem um estatuto causal independente é relativamente desprovida de sentido. Por exemplo, Buss e Craik (2009) argumentaram que os sistemas informáticos baseados em modelos IPO são simplesmente descrições de fenómenos naturais.

categorias de actos de utilização de qualquer dispositivo informático moderno. Wright e Mischel (2003) caracterizaram os sistemas informáticos baseados no modelo IPO como contingências de comportamentos tecnológicos necessários condicionados para as pessoas que os utilizam. Além disso, estes sistemas informáticos podem ser construídos conjuntamente por duas ou mais pessoas em interação social, de acordo com a dinâmica social da situação. O modelo IPO utiliza abordagens tecnológicas sociais aos sistemas informáticos de modo a abandonar o pressuposto do locus interno. Mesmo que os sistemas informáticos representem verdadeiras estruturas tecnológicas, estas estruturas podem não ser mais do que a máscara superficial que a pessoa apresenta ao mundo exterior, a fim de apresentar uma autoimagem socialmente aceitável às outras pessoas que utilizam o sistema.

CAPÍTULO 3

METODOLOGIA

3.1. INTRODUÇÃO

Este capítulo aborda a conceção da investigação, a população estudada, a área de estudo, a conceção da amostra, a seleção e a dimensão da amostra, os métodos de recolha de dados e a análise que o investigador espera utilizar para obter as informações da escola.

3.2. ÁREA DE ESTUDO

A investigação foi efectuada na escola secundária St. Pius, situada no subcondado de Kihiihi, Kinkizi West, no distrito de Kanungu. St Pius foi fundada pela Igreja Católica em 1985.

3.3. CONCEPÇÃO DA INVESTIGAÇÃO

O estudo foi descritivo, tendo sido utilizados métodos de investigação qualitativos e quantitativos para investigar o sistema de registo de estudantes em linha em St. Os métodos qualitativos foram utilizados porque foram utilizados guias de entrevista flexíveis que permitiram aprofundar o problema, fornecendo assim informações pormenorizadas sobre o tópico em investigação. O método quantitativo foi utilizado porque permitiu que os inquiridos respondessem aos questionários quando lhes fosse conveniente e também ajudou a recolher informações sob a forma de números.

3.4. POPULAÇÃO-ALVO

O investigador utilizou uma amostra total de 22 inquiridos nas seguintes categorias: o Diretor, 1 Diretor Adjunto, 2 Secretários, 5 Professores, 10 Estudantes, 1 Ecónomo e 2 Bibliotecários.

3.5. PROCESSOS DE AMOSTRAGEM

O investigador utilizou técnicas de amostragem aleatória simples para selecionar os inquiridos na Escola Secundária de St. Pius. Este método foi utilizado porque deu oportunidades iguais a todos de participarem no estudo e garantiu a obtenção de informações pormenorizadas e isentas de preconceitos dos inquiridos e do investigador.

3.6. MÉTODOS DE RECOLHA DE DADOS

O investigador utilizou os seguintes métodos para obter informações dos membros da escola secundária St.

3.6.1 Observação

O investigador visitou fisicamente a escola secundária de St. Pius para ver e compreender como era feito o registo dos alunos na escola e tomou nota da informação obtida. Isto ajudou o investigador a comparar o desempenho do sistema existente com o do sistema proposto

3.6.2 Questionários

Os questionários foram auto-administrados e utilizados para recolher dados dos alunos, secretários e outros funcionários da Escola Secundária St. Este método ajudou o investigador a determinar o nível de eficiência e eficácia do sistema de registo de estudantes em linha

3.6.3 Testes

Os testes de integração e de unidade do novo sistema foram realizados utilizando um input típico do utilizador e inputs de amostra, respetivamente, a fim de verificar o seu nível de fiabilidade para os utilizadores.

3.7. ANÁLISE DE DADOS

Os dados foram analisados com recurso a aplicações Microsoft Excel e representados através de gráficos, figuras e quadros.

CAPÍTULO 4

APRESENTAÇÃO, ANÁLISE E INTERPRETAÇÃO DOS DADOS

4.0 INTRODUÇÃO

Este capítulo apresenta todas as conclusões empíricas deste estudo. Inclui principalmente os resultados dos dados primários que foram recolhidos através da aplicação do método quantitativo de um questionário aos 22 inquiridos na área de estudo.

4.1 CARACTERÍSTICAS DEMOGRÁFICAS DA ZONA

A escola secundária St. Pius é uma das escolas secundárias governamentais situadas em Kihiihi, no distrito de Kanungu. É um colégio diurno e interno, com rapazes e raparigas e é dirigido por um diretor do sexo masculino. A escola tem 4500 alunos com 22 professores, 2 ecónomos, 2 secretários e 1 bibliotecário.

4.1.1 Género e idade dos inquiridos

As caraterísticas demográficas dos inquiridos em termos de sexo e idade são apresentadas no quadro seguinte;

Quadro 1: Sexo e idade dos inquiridos

Sex	≤ 20	21-30	31 and above	Total	Percentage representation %
Male	5	6	3	14	64
Female	3	4	1	8	36
Total	8	10	4	22	100

Os resultados da tabela 4.1 relativos ao género mostram que a distribuição dos inquiridos foi de 64% de homens e 36% de mulheres. O maior número de inquiridos do sexo masculino deve-se ao facto de a maioria dos alunos ser do sexo masculino e de muitos funcionários, incluindo o diretor e o subdiretor, serem do sexo masculino e, por isso, lidarem mais com o registo dos alunos. A idade dos inquiridos situa-se principalmente entre os 21 e os 30 anos. Isto mostra a maturidade dos inquiridos, que ainda são jovens, enérgicos e com grande determinação, podendo assim desempenhar um papel ativo nas actividades relacionadas com as matrículas.

Quadro 2: Habilitações literárias dos inquiridos

Category	Frequency	Percentage
Degree	7	32%
Diploma	11	50%
Certificate	2	9%
Others	2	9%
Totals	**22**	**100**

Fonte, dados primários

O quadro acima indica que a maioria dos inquiridos tinha um diploma (50%), 32% tinham uma licenciatura e os outros inquiridos tinham um certificado ou outro tipo de formação (9%).

Quadro 3: Estado civil dos inquiridos

Category	Frequency	Percentage
Married	13	59%
Not married	9	41%
Total	**22**	**100**

Fonte: Dados primários

A Tabela 3 mostra que 59% dos inquiridos eram casados e 41% dos inquiridos não eram casados.

Quadro 4: Duração do serviço

Number of Years	Frequency	Percentage
Less than a year	0	0%
1-3 years	0	0%
4-6 years	7	32%
7-9 years	6	28%
10-12 years	9	40%
Total	22	100%

O quadro acima ilustra o número de anos que os inquiridos passaram na escola. Mostra que a maioria dos inquiridos presta serviços há 10-12 anos (40%) como pessoal. Isto significa que a maioria dos membros do pessoal tinha conhecimentos suficientes para responder a estas questões. Além disso, 7 (32%) e 6 (28%) dos inquiridos exerceram funções durante 4-6 anos e 7-9 anos, respetivamente.

Parte 2: Perceção dos inquiridos

Esta parte do estudo destinava-se a fornecer a discussão e a análise da perceção dos inquiridos com base na escala de quatro pontos. Ou seja, os inquiridos ou indivíduos ligados à escola secundária de St. Pius receberam um conjunto de afirmações sobre atitudes através do inquérito-questionário, de modo a expressarem a sua perceção sobre se estão satisfeitos ou insatisfeitos com as afirmações dadas, utilizando uma escala de quatro pontos. Assim, 4 representava uma forte concordância e 1 uma forte discordância. Isto permitiu uma melhor compreensão da perceção dos inquiridos sobre a utilização do sistema.

Quadro 5: Comparar o novo sistema e o antigo sistema em termos de eficiência e eficácia

	Statements	Mean	Response mode
1	The new registration system is a highly flexible tool as it can be customized according to the needs of the school during registration	3.1	Very satisfactory
2	This new registration system instrument resolves issues on data redundancy, misplacement and loss of data of students.	2.6	Satisfactory
3	The new registration system helps in determining whether the information is correct or incorrect upon data input.	2.7	Satisfactory
4	The new system requires several requirements such as trained staff and substantial experience for effective utilization	3.63	Very satisfactory
5	This new system innovation tool promotes team-building among employees at the school.	2.8	Satisfactory

O quadro acima apresenta a distribuição dos inquiridos quanto à sua perceção relativamente à comparação entre o novo sistema e o antigo sistema em termos de eficiência e eficácia na introdução de dados durante o registo.

O estudo mostrou que a maioria dos inquiridos concordou com as afirmações apresentadas. Os inquiridos da escola secundária St. Pius concordaram que o novo sistema de registo teve um efeito significativo na melhoria das actividades do pessoal durante o registo dos alunos. Além disso, também concordaram que a adoção dos procedimentos e práticas deste novo sistema facilitou as suas respectivas tarefas. Os participantes nesta investigação também concordaram que a nova ferramenta de inovação do sistema promoveu a formação de equipas durante o registo dos alunos na escola.

Quadro 6: Determinar a eficácia e a eficiência do sistema de registo

	Statements	Mean	Response Mode
1	The registration system was able to give objective findings that enabled fewer errors in the retrieval and processing of student records.	3	Satisfactory
2	The results of the online registration system were easy to analyze and interpret	2.9	Satisfactory
3	The registration system supported fast capturing and recording procedures.	3.06	Very satisfactory
4	The registration system contributed greatly to school's performance and output.	2.96	Satisfactory
5	Based on attributes and features in the new system, the system had the ability to provide accurate results.	3.63	Very satisfactory

O quadro acima apresenta a distribuição da perceção dos inquiridos relativamente à análise das principais funções e capacidades do sistema em termos de eficiência e eficácia no âmbito do novo sistema de registo. A este respeito, os inquiridos da escola secundária St. Pius revelaram um forte acordo e concordaram com as afirmações dadas. Os inquiridos concordaram fortemente que o sistema era eficiente em termos de eficácia e de fornecimento de resultados exactos.

4.2 CONCEPÇÃO DO SISTEMA

A conceção do sistema analisa os requisitos de dados, a construção do software e a conceção da interface, da base de dados e das estruturas de dados.

4.2.1 Conceção da base de dados

Ao conceber a base de dados, era muito importante ter em conta a disposição física e lógica (concetual) do armazenamento de dados.

4.2.2 Conceção concetual da base de dados

A conceção concetual da base de dados envolveu componentes do modelo de dados que incluíam entidades, os seus atributos e as relações entre as entidades. As entidades são os objectos de dados distintos, os atributos são as propriedades dos objectos e as relações são as associações entre as entidades.

4.2.3 Conceção física

Esta era a estrutura real das tabelas da base de dados derivada da conceção lógica para um suporte físico.

4.3 ANÁLISE DE REQUISITOS

Após a investigação e a recolha dos requisitos, seguiu-se a análise dos requisitos de software e foram estes os resultados.

4.3.1 Requisitos do utilizador

1. O sistema permitiu recolher dados sobre os alunos e o pessoal.
2. O sistema estava em condições de impedir que os não-membros realizassem tarefas administrativas como acrescentar ou editar e apagar os dados.
3. O sistema forneceu informações aos utilizadores do sistema.

User	Requirements
Users	Login Add data Search the system View information Send messages Logout
Administrators	Login Add staff Delete users particulars from the system Obtain full access to the system Logout

4.3.2 Requisitos funcionais

Trata-se da descrição das actividades e serviços que um sistema deve fornecer. Ou seja, entradas, saídas, processos e dados armazenados

Os requisitos funcionais do sistema eram os seguintes;

- O sistema captava as informações dos alunos e do pessoal durante o registo.

- O sistema armazenava informações sobre os alunos e o pessoal na base de dados.

- O sistema gerou informações sobre os alunos registados na escola.

- O sistema verificou as palavras-passe dos utilizadores e o nome dos utilizadores no sistema de modo a proteger os dados de utilizadores não autorizados.

- O sistema elimina e actualiza os registos.

4.3.3 Requisitos não funcionais

Estas são descrições de outras caraterísticas, caraterísticas e restrições que definem o sistema projetado.

Entre eles, incluem-se;

a) O sistema não apresentava erros.

b) O sistema foi construído de forma a funcionar com outros sistemas futuros.

c) O sistema permite que os utilizadores acedam à informação em qualquer momento.

d) Os registos estavam totalmente disponíveis para referência futura para qualquer instituição e indivíduo.

e) O tempo de resposta e de tratamento foi eficiente e suficientemente rápido, tanto para os estudantes como para o pessoal.

f) O sistema era eficiente e de fácil acesso tanto para os estudantes como para o pessoal.

g) O sistema só permite os utilizadores legítimos que necessitam ou são autenticados no sistema antes de o utilizarem.

h) Os utilizadores não autorizados não puderam aceder ao sistema.

i) O sistema tem uma interface amigável, atractiva e fácil de utilizar.

4.3.4 Requisitos de hardware

O sistema exigia as seguintes especificações de hardware para funcionar de forma eficiente;

a) Um computador com um mínimo de 2,5 GHz é mais rápido em termos de velocidade de processamento micro.

b) O sistema foi instalado num servidor capaz de suportar um grande volume de tráfego e de pedidos em simultâneo, uma vez que o sistema pode ser acedido por vários utilizadores ao mesmo tempo.

c) Disco rígido com capacidade de armazenamento de pelo menos 80GB, o que permite um maior espaço livre em disco e um processamento mais rápido das consultas no sistema.

d) Suporte de cópia de segurança - O sistema necessitava, pelo menos, de um gravador de CD ou de uma unidade de DVD para o mecanismo de cópia de segurança, a fim de manter a integridade e a consistência dos dados em caso de falha do sistema.

e) NIC para poder interagir com outros computadores da rede.

f) Memória - Para transacções mais rápidas de consultas, é suficiente pelo menos 256 MB de RAM

g) Impressora - É obrigatório dispor de uma impressora para a produção de informações, tais como relatórios para fins administrativos. Uma impressora sem impacto (laser ou jato de tinta) é uma boa marca que produz impressões de alta qualidade e é relativamente mais rápida em comparação com a impressora matricial.

4.3.5 Requisitos de software

O sistema necessitava das seguintes especificações de software para funcionar eficientemente;

a) Sistema operativo - A família de sistemas operativos Windows NT foi preferencialmente sugerida para este empreendimento. Tal deveu-se ao facto de o Windows NT suportar o sistema de ficheiros NTFS que, entre muitas caraterísticas competitivas, oferecia uma segurança adequada. Oferecia não só segurança a nível do utilizador, mas também a nível das pastas e dos ficheiros

b) Pode ser executado em sistemas operativos como o Windows XP, o Windows 7 e o Windows 8.

c) Software antivírus - Foi necessário dispor de um programa antivírus para detetar e desinfetar os vírus que podem afetar os registos armazenados.

4.3.6 Desenvolvimento de software

a) Browser - O sistema necessita de um web browser instalado na máquina do cliente para poder funcionar. Pode ser o Mozilla fire fox, internet explorer ou muitos outros.

b) Base de dados - Aggis M. C. (2003), a base de dados é um conjunto lógico de informações inter-relacionadas, geridas e armazenadas como uma unidade, geralmente numa forma de armazenamento em massa, como fita magnética ou disco, e as informações sobre os dados dos utilizadores, os formulários de registo e as informações dos administradores são armazenadas numa base de dados.

A base de dados era relacional e ajudava os espectadores ou utilizadores a aceder à informação com precisão. Os espectadores acediam ao que era suposto acederem com as suas palavras-passe por razões de segurança

4.3.7 Requisitos de segurança

A segurança informática refere-se a técnicas desenvolvidas para salvaguardar informações e sistemas de informação armazenados em computadores. As ameaças potenciais incluem a destruição de hardware e software informático e a perda, modificação, roubo, utilização não autorizada, observação ou divulgação de dados informáticos. A segurança pode ser alcançada através da seguinte abordagem (Hettema, 2000)

a) Segurança ao nível do acesso do utilizador

O Windows NT permitia a implementação de segurança local. Cada utilizador criado pertencia a um grupo privilegiado. Os privilégios dos grupos eram diferentes uns dos outros, sendo os administradores super-utilizadores, a quem era concedida a supremacia do sistema. Cada grupo tinha políticas por defeito.

Além disso, as actividades do administrador concediam o nível de acesso e definiam as suas políticas, bem como o grupo a que pertencia. Isto assegurava a segurança do sistema em casos como a intrusão de dados.

b) Palavras-passe

A abordagem mais adequada para a identidade de um utilizador foi a utilização de palavras-passe. Quando o utilizador se identificava através do ID de utilizador ou dos nomes das contas, era-lhe pedida uma palavra-passe. Se o utilizador fornecesse a palavra-passe, o sistema assumia que o utilizador era legítimo.

As palavras-passe eram sequências confidenciais de caracteres que permitiam às pessoas autorizadas utilizar um determinado computador, software ou informação. Para serem eficazes, as palavras-passe tinham de ser difíceis de adivinhar e não podiam ser encontradas em dicionários. Os sistemas informáticos limitam normalmente o número de tentativas e o tempo necessário para introduzir a palavra-passe correta antes de o utilizador ser autorizado a iniciar sessão.

4.4 VANTAGENS DO NOVO SISTEMA

O sistema oferece uma série de benefícios, como indicado abaixo.

i)   Proteção por palavra-passe através do método de encriptação.

ii) A autenticação dos utilizadores e administradores reforça a segurança do sistema e, quando elegíveis, os utilizadores necessitam de nomes de utilizador e palavras-passe para aceder ao sistema.

4.5 ESTRUTURAS DE DADOS

A informação abaixo mostra as entidades e os atributos anexados.

Quadro 8: Tabela de alunos

Filed Name	Data Type	Size	Constraints	Required	Description
Student ID		10	Primary Key	Yes	Student ID
First Name		20	Not Null	Yes	First Name
Other Name		20	Not Null	Yes	Other Name
Sex		10	Not Null	Yes	Male/Female
Age		10	Not Null	Yes	Age of Student
Date of Admission			Not Null	Yes	Date Admitted
Date of Birth			Not Null	Yes	Date of Birth
Country		20	Not Null	Yes	Country
Address		20	Not Null	Yes	Physical Address
Phone Number		15	Not Null	Yes	Phone Number
Class		15	Not Null	Yes	Class

Quadro 9: Quadro de assuntos

Filed Name	Data Type	Size	Constraints	Required	Description
Student ID	Text	10	Key	Yes	Student ID Number
Term ID	Text	20	Foreign Key	Yes	Term ID Number
English	Number	5	Not Null	Yes	Marks for English
Math	Number	5	Not Null	Yes	Marks for Math
Science subjects	Number	5	Not Null	Yes	Marks for Sciences
Arts subjects	Number	5	Not Null	Yes	Marks for Arts
Sports/games	Number	5	Not Null	Yes	Marks for sports

Quadro 10: Quadro do guardião

Filed Name	Data Type	Size	Constraints	Required	Description
Guardian ID	Text	10	secondary Key	Yes	Guardian ID Number
First Name	Text	20	Not Null	Yes	First Name
Other Name	Text	50	Not Null	Yes	Other Name
Sex	Text	10	Not Null	Yes	Male/Female
Address	Text	50	Not Null	Yes	Address
Student ID	Text	10	Foreign Key	Yes	Student ID Number
Phone Number	Text	15	Not Null	No	Contact Number
Email	Text	20	Not Null	Yes	Email Address

Tabela 11:. Quadro de segurança

Filed Name	Data Type	Size	Constraints	Required	Description
Username	Text	15	Primary Key	Yes	User name
Password	Text	15	Primary Key	Yes	**User's password**

Fluxograma do sistema

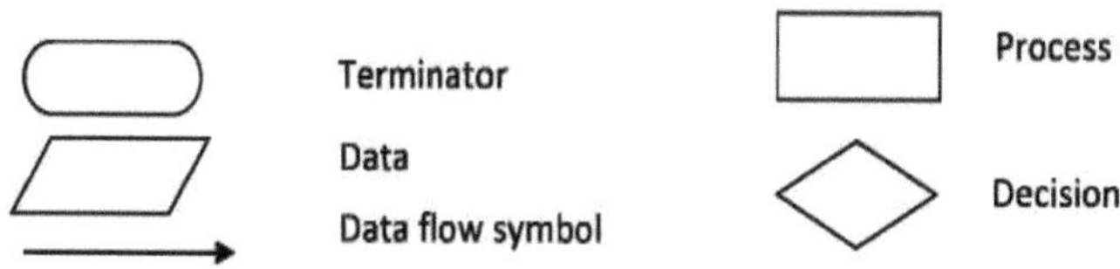

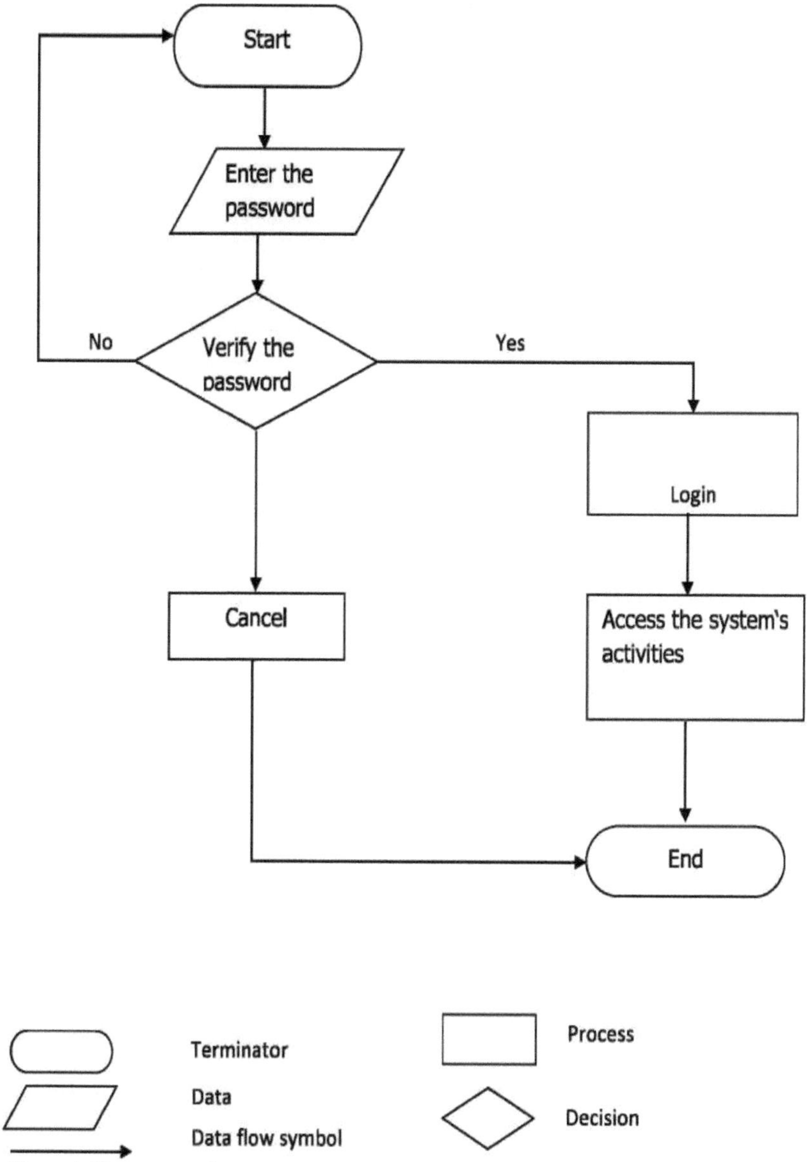

Figura 4: Fluxogramas de programas

4.7 TESTE

O software foi testado em três vertentes: eficiência, fiabilidade e eficácia. A eficácia refere-se à capacidade de o software ser compreendido, aprendido e utilizado pelo utilizador quando utilizado em condições específicas (ISO,

1998). O teste da funcionalidade de um produto não apresentou demasiados desafios em comparação com o novo sistema. A eficácia de um produto pode ser testada principalmente a partir de duas perspectivas diferentes, o 'caso de utilização' e a 'qualidade na utilização' (Veenendal, 1998). Houve várias fases de teste do software. Em cada uma destas fases, foram testados vários atributos de qualidade.

4.7.1 Testes unitários

Para garantir o funcionamento correto das unidades, foram criados dados de amostra para verificação da coerência interna e externa. Os dados de amostra foram selecionados para verificar os pontos extremos do espetro de dados viáveis, bem como as entradas "típicas" dos utilizadores. A acessibilidade das unidades foi também testada através da utilização de amostras de dados para os quais os traços indicavam os resultados das tabelas da base de dados. Os testes iniciais permitiram detetar atrasos no tempo de resposta do servidor, que foram depois melhorados.

4.7.2 Ensaios de integração

Para que este sistema funcione corretamente, qualquer adição tem de estar em conformidade com os métodos anteriores. O software foi testado para manutenção adaptativa utilizando um input típico do utilizador. Isto levou a uma indicação de excepções na execução do programa, que foram tratadas através da alteração das estruturas de armazenamento do programa referenciadas ou da inclusão de instruções de controlo para tratar tais entradas.

Nesta fase, foram efectuados testes de usabilidade, em que os membros do pessoal receberam o sistema nos seus computadores. Isto foi feito para determinar não só a facilidade de utilização do sistema, mas também a capacidade de o sistema ser utilizado para o fim a que se destina. A usabilidade foi aqui abordada como um atributo do sistema e como um objetivo de qualidade global para a conceção do sistema (Bevan, 1995). A questão da facilidade de utilização da interface do utilizador e da adequação do sistema para gerir o registo da escola foi considerada em todos os momentos do teste.

Estes comunicaram a satisfação geral com o sistema na categoria de facilidade de utilização e tempo de resposta e a adequação do sistema aos dados de registo.

Tabela 12: Plano de teste

Test No	Module	Purpose	Test Data	Expected Results
1	Password	To check if password gives access to the system	"123"	Access to the system is granted.
2	Password	To check if password gives access to the system	Any other numbers other than "123"	A message box us displayed stating "Not Authorized"
3	Student's Page	To check if pages display	Click on the students page menu	All the registered were displayed.
4	Add student	To check if the a student can be added to the system	Click on the staff page and follow the add student link	A page will be displayed for adding students
5	Log out	To check if the log out link is active	Click on the log out link	A message appears "are u certain you want to log out". An option will be displayed of Yes or No

Figura 5: Apresentação da página inicial do sítio Web da escola.

Figura 6: **Apresentação da escola**

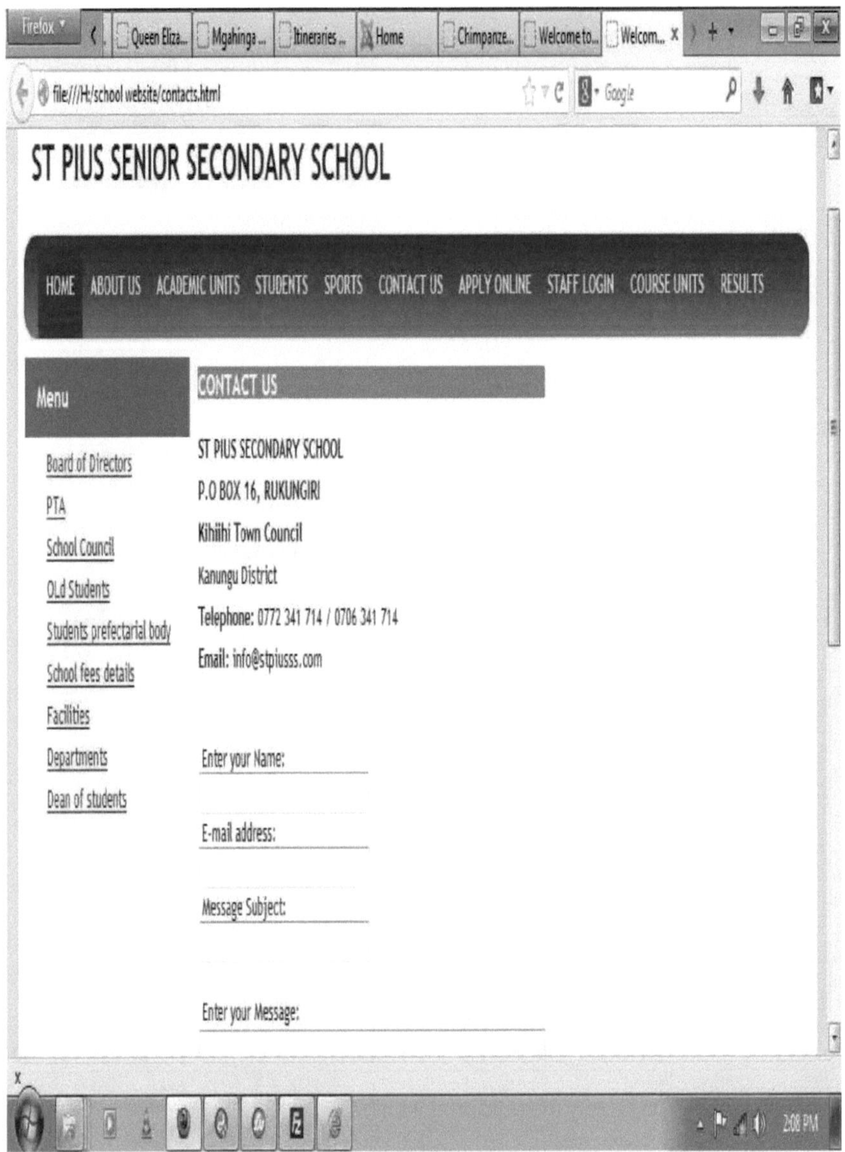

Figura 7: Apresentação dos contactos da escola

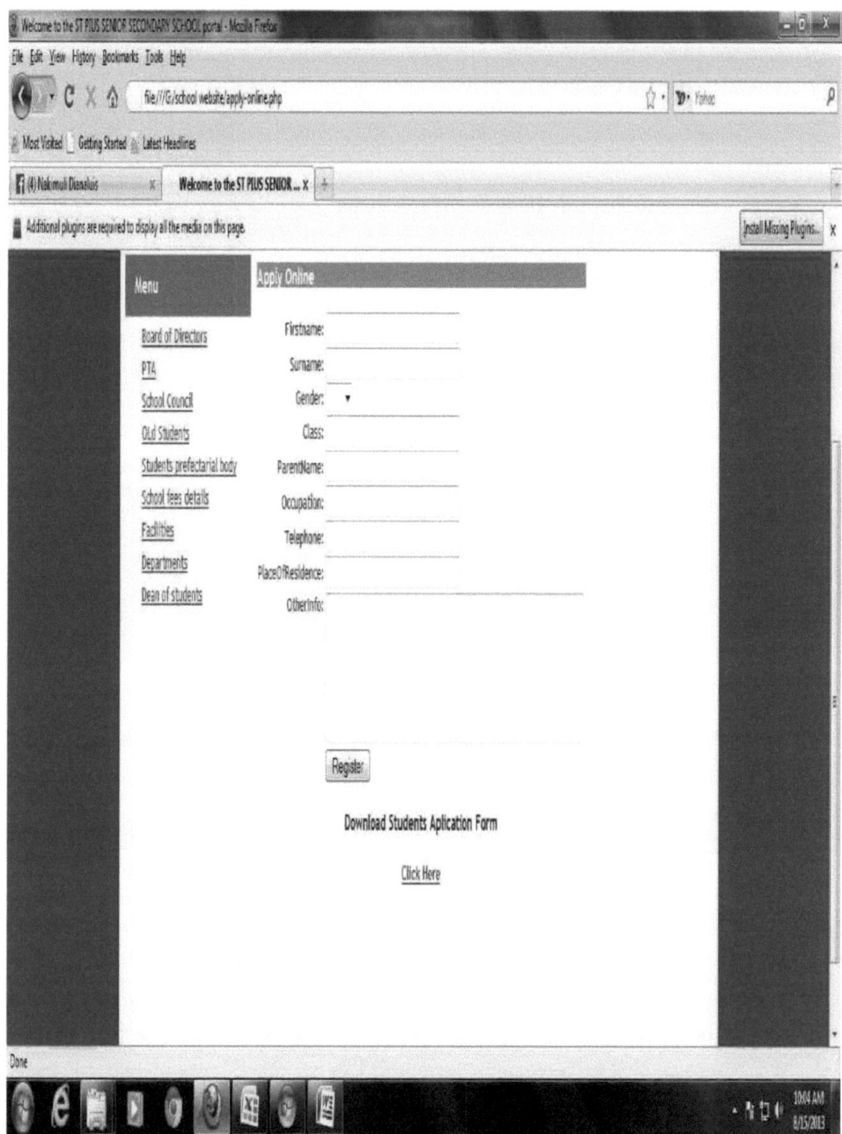

Figura 8: Apresentação da aplicação em linha.

CAPÍTULO 5

CONCLUSÃO E RECOMENDAÇÕES

5.0 CONCLUSÃO

Com base no objetivo do estudo, um sistema de registo de estudantes desempenha um papel importante na introdução e recuperação eficientes e eficazes de dados exactos.

Os resultados provaram que o novo sistema de registo concebido é significativamente eficaz e eficiente na introdução, atualização e recuperação dos registos dos alunos na escola, indicando que o novo sistema melhorou o desempenho da escola em termos de desenvolvimento.

Além disso, os resultados mostraram que esta ferramenta do sistema de registo informatizado é capaz de identificar dados essenciais dos estudantes, o que promoveu a introdução eficaz de dados exactos e a promoção do desempenho. Para além disso, o novo sistema teve algumas vantagens. Uma delas é a sua capacidade de apoiar o estabelecimento de tecnologia na escola, o que, por sua vez, ajuda a melhorar o nível de desempenho efetivo da escola em termos dos resultados esperados. A integração do novo inventário do sistema de registo e do antigo sistema manual tornou esta nova ferramenta de sistema um meio rentável para registar, gravar e recuperar dados dos alunos.

No que se refere ao objetivo do presente estudo, o sistema também apresentava alguns inconvenientes no processo de obtenção e eficácia da recolha dos registos necessários dos estudantes. Por exemplo, a validade e a exatidão dos resultados obtidos a partir do sistema foram continuamente questionadas. Tendo em conta que os utilizadores podem facilmente falsificar os seus registos, isto fez com que os resultados do sistema fossem naturalmente afectados.

De um modo geral, o sistema não era uma ferramenta completa para o registo, a introdução e a recuperação eficazes e eficientes dos registos dos alunos.

No artigo escrito por Bates (2002), os analistas de sistemas sugerem que as empresas não devem confiar totalmente apenas no sistema informático para executar as actividades diárias. Por exemplo, os sistemas informáticos devem ser combinados com sistemas manuais para avaliar a inteligência dos utilizadores. Por conseguinte, este sistema não deve ser utilizado para substituir as ferramentas utilizadas para introduzir dados e atualizar os registos dos estudantes no sistema mais antigo. Por conseguinte, é essencial que os utilizadores utilizem vários indicadores relevantes para melhorar os resultados do sistema com dados exactos.

5.1 RECOMENDAÇÕES

Com vista a melhorar o desempenho do novo sistema de registo concebido para a escola, foram feitas as seguintes recomendações;

Foi recomendado que a nova ferramenta do sistema de registo não substituísse imediatamente o atual sistema manual devido a vários problemas relacionados. No entanto, ambos os sistemas podem funcionar em simultâneo até que o pessoal da escola possa utilizar o sistema de forma eficaz e eficiente para produzir os resultados esperados.

Finalmente, a escola deve criar mecanismos para assegurar a atualização regular do sistema estabelecido. Isto pode ser feito através do recrutamento ou da atribuição de um administrador de sistemas profissional para modificar e atualizar sempre o sistema.

CAPÍTULO 6

REFERÊNCIAS

1. Autores Leavitt e Whisler (1958), Prerequisite of management Informaiton systems *Development Management Information System .3rd Edition, Prentice Hall, Inc.*

2. Betty Joan Salzberg, (1986). *An introduction to Database Design. Northeastern University.*

3. Bruza, P. D., Van der Weide, Th. P., *"The Semantics of Data Flow Diagrams", Universidade de Nijmegen, 1993.*

4. Chaudhary A. K (1999*). Reasons for limited MIS impact on top management decision making. Encyclopedia of Management Information System. Anmol publication PVT Ltd, New Delphi.*

5. Chris Gane e Trish Sarson.*Structured Systems Analysis: Tools and Techniques.McDonnell Douglas Systems Integration Company, 1977*

1. *Silberschatz et al (1988) An Introduction to Database Systems, Fifth Edition, Volume um.*

7. Hector et al, (2002). *Database Systems Implementation, Departamento de Ciências da Computação da Universidade de Standford.*

8. *ISBN: 0-13-042365-3, Pearson Education, Inc., pp. 245.*

9. John Azzolini (2000). *Introdução às Práticas de Engenharia de Sistemas. julho de 2000.*

10. K.K. Aggarwal e Yogesh Singh (1974), *soft ware engineering text book.*

11. KENDALL (2002**), *Systems Analysis and Design, International Edition, 5th Edition, 2002,*

12. Ruth Mayhew (1985**), *meios de comunicação social "The Multi-Generational Workforce in the Health Care Industry" e "Human Resources Managers Appraisal Schemes*

13. Silver et al (1995), *Obstáculos à aplicação das tecnologias da informação no mundo real. Information System and Management Perspective. 3rd Edition, Pearson Education Asia Pte Ltd, New Delphi.*

14. W. Stevens, G. Myers, L. Constantine (1996), *"Structured Design", IBM Systems Journal, 13 (2), 115-139, 1974*

APÊNDICE I: INSTRUMENTO DE INVESTIGAÇÃO

QUESTIONÁRIO

Caro inquirido,

No âmbito da minha investigação na Universidade Internacional de Kampala, sou um estudante da Universidade Internacional de Kampala que está a realizar um estudo sobre um sistema de registo em linha para a escola secundária St.Pius, situada em Kihiihi, distrito de Kanungu

Solicita-se a sua participação neste inquérito, preenchendo o seguinte questionário. Todas as informações obtidas no âmbito deste estudo que possam ser identificadas como sendo suas serão mantidas confidenciais.

MUGYENYI RAYMOND

TEL: 0772 619 809

Parte A. Perfil do inquirido

Apenas para fins estatísticos. Assinalar com uma cruz o que for apropriado.

Número do inquirido .... Data ....

Idade: Inferior a 20 anos ☐ 20-25☐26-30 ☐31-35 ☐

36-40 ☐41-acima☐

Género: Masculino ☐ Feminino ☐

Tempo de serviço:

Menos de um ano ☐

1-3 anos   ☐

4-6 anos   ☐

7-9 anos   ☐

Parte II: Eficácia e eficiência do inventário do sistema

INSTRUÇÃO: Para cada uma das afirmações abaixo, indique o grau de concordância ou discordância, atribuindo uma pontuação a cada resposta.

Pontuação	Modo de resposta	Interpretação
1	insatisfatório	Discordo sem qualquer dúvida
2	justo	Não concordo com algumas dúvidas
3	satisfatório	Concordo com algumas dúvidas
4	muito satisfatório	Concordo sem qualquer dúvida

_____1. com base nos atributos e caraterísticas do novo sistema de registo, o sistema tem a capacidade de fornecer resultados exactos.

_____2. o sistema de registo é capaz de fornecer resultados objectivos que permitem menos erros na recuperação e processamento dos registos   dos estudantes durante o registo.

_____3. os resultados do sistema são fáceis de analisar e interpretar após o registo de um aluno

_____4. o sistema suporta procedimentos rápidos de captura e registo durante o registo.

5. o sistema de registo contribui grandemente para o desempenho e os resultados da escola em termos de gestão de registos.

Parte III. Diferença entre o novo e o antigo sistema em termos de significado

____6. o novo sistema de registo ajuda a determinar se as informações estão corretas ou incorrectas após a introdução dos dados.

____7. a utilização do novo sistema de registo é vantajosa, uma vez que permite identificar facilmente o número de estudantes registados.

____8. o novo sistema requer vários requisitos, tais como pessoal formado e experiência substancial para uma utilização eficaz

____9. a utilização do novo sistema pode ajudar a resolver ou evitar a perda de dados a nível subconcelhio.

____10.O novo sistema pode ser introduzido e analisado mesmo por pessoal sem formação, o que torna os resultados dos testes menos exactos.

____11.Esta nova ferramenta do sistema promove o trabalho em equipa entre os funcionários da escola

O novo sistema ajuda os utilizadores a tomar decisões eficazes

____13.as informações fornecidas pelo sistema são fáceis de compreender

____14. a possibilidade de erros, apesar da formação, está presente no novo sistema.

____15 - O novo sistema é útil porque é fácil de administrar

____16. o sistema não é fiável, uma vez que o pessoal pode falsificar os registos dos alunos introduzidos no sistema

____17. o sistema é relativamente barato.

____18. este novo instrumento de sistema resolve os problemas de redundância, extravio e perda de dados.

____19. o pessoal pode facilmente sobrestimar os resultados no sistema, o que afecta a produção dos resultados esperados nos estudantes registados

____20. o novo sistema é uma ferramenta altamente flexível, uma vez que pode ser personalizado de acordo com as necessidades da escola durante o registo.

I want morebooks!

Buy your books fast and straightforward online - at one of world's fastest growing online book stores! Environmentally sound due to Print-on-Demand technologies.

Buy your books online at
www.morebooks.shop

Compre os seus livros mais rápido e diretamente na internet, em uma das livrarias on-line com o maior crescimento no mundo! Produção que protege o meio ambiente através das tecnologias de impressão sob demanda.

Compre os seus livros on-line em
www.morebooks.shop